자화상

장정호 지음

시인의 생각!

세상사 지친 몸부림
너무 외로워 숨죽여 울었다. 스스로를 어둠속에
가두고 소중한 목숨 놓으려 했었다.
우울증에 공황장애까지 무너진 자존감..
넋놓은 폐인처럼..

한때 강남 대치동 〈수능국사〉를 휩쓸었던
엘리트강사, 도도한 자만심에 시건방지게
방만한 사업, 믿었던 사람에 대한 배신감..

나락의 끝에서 죽음의 유혹, 몽롱한 정신,
1분1초의 맥없는 사투, 나를 가둔 고통 너머의 장벽..
하지만 어느 순간 들리는 그분의 음성,
말없이 쳐다보시는 따스한 눈길,
아이들의 힘겨운 모습, 누군가의 간절한 기도..
그토록 지겹던 정신적 사슬을 끊고
나를 세상밖으로 이끌어 주셨습니다.

이제 다시 사는 삶!
부끄러운 저의 졸필은 세상벽 어디선가 숨죽여
우는 누군가에게 작은 위로와 단비가 되기를
간절히 바랍니다.

어둠이 거치는 새벽

차례

007 The killer
008 등 대 지 기
010 천 국 울 타 리
011 드높은 곳에는
012 그리운 사랑
014 소록도 천사
016 단비를 내리시네
018 잃어버린 自我
020 당나귀 인생
021 살아숨쉬는 正義
023 새들도 세상을 뜨는구나
024 귀향(歸鄕)
026 작은권력의 블랙홀
027 人 生
029 엄 마 생 각

030 산다는 것은~
032 思 母 歌
034 그대,힘든가
035 너는 아니?
036 동 그 라 미
038 홀로 웃는다
039 낯선 서울의 하늘
040 데 칼 코 마 니
041 Life & pocket
043 시 간 여 행
045 부 메 랑
046 길
048 가을오는 소리
050 포도 와인 향
052 동. 반. 자

053 Don't forget Nature
054 善〉惡의 판도라
055 無　　題
056 다 름
057 아 버 지
058 두 손 모아
059 작 은 행 복
060 사랑,나비가 되어
061 人生戀歌
062 秋 夕
063 민중의 나라
064 나를 버리사
065 자전거 페달 & My life
067 인걸의 찻잔칼럼
068 지존무상
069 행복한 어른아이
070 가을 소나타
071 삶
072 슬픔 저편엔
073 犬이 판치는 나라
074 선택의 明暗
075 善한 삶

076 가슴시린 날에
078 사랑 홀씨
079 사랑 戀歌
080 人生
082 가 을 예 찬
083 自　畵　像
084 black & white
085 Children in Heaven
086 고운 님
087 인생 찬가
088 어 른 아 이
089 그대 누군가?
090 내가 꿈꾸는 세상
091 아시나요 그대
093 노인의 새벽
094 사랑,저만치에~
096 너에게 난
097 無　　題
098 My way
100 할망,그리운 날에
101 그대! 민주주의
102 비 질 란 테

103 선 글 라 스
104 고맙습니다 그대들
105 그 겨울 봄햇살
106 그리움 저편엔
107 망각의 언덕
108 촌철살인(寸鐵殺人)
109 세월 저편 너머엔
110 인생 지게
112 님의 넋두리
113 飛 翔
114 구름 낀 하늘
115 그대,아는가?
116 정(情)
117 삶의 모퉁이
118 어 이 타
119 여보게 친구
120 나를 위한 너
121 멘토 샘
122 누군가 길을 묻거든
123 능동태
124 진실의 江
125 향 수(鄕 愁)

126 나쁜 세상
127 연 가 (戀 歌)
128 효 자 손
129 등 대
130 금쪽이의 사랑
131 머문 아이
133 그리운 날에
135 천국열차
136 힐 링 노 래
137 인생의 노저어
138 마더(Mother)
139 裸 木
140 님의 향기
141 내 마음 알까?
142 사랑 & 그리움
143 도 플 갱 어
144 무지개 저편엔
145 초 이 스
146 어른아이의 기도
148 Healing song
149 난계의 고향! 영동

😎 The killer

作. 레옹

끊임없이 옥죄는
긴장감
안락한 침대보다
어둔 한 켠의 쇼파
쪽잠의 비애
누군가를 쫓는
타켓을 제거해도
또다른 타켓
보이지않는
어둠의 터널
인생!
깊은 산속 옹달샘
맑고 시원한
꿈결 오아시스
회색빛 구름타고
세상 맴돌다
석양노을 소나무 끝
걸터앉은 작은 새
삶!
끝없는 욕망
쫓아 해매다
황혼역 벤치에
지친 몸뚱아리
다소곳 눕는다.
*인생 페달
쉬엄쉬엄 가세나

🙏 등 대 지 기
作 life sonata

새벽4시 눈이 떠진다.
어제의 고단함
바쁜 일과
열대야~
힘겨웠을텐데
다시 잡은 펜
뭔가 긁적거린다.
왜?
살아가는 이유
삶이란
그저 물 흐르듯~~
하지만
내속에 있는
또다른 나
꿈틀댄다.
썩어빠진 사회
공염불 공직자들
無知를 넘어
無能한 독선!
일갈의 깨우침
인생후반
내게 주어진 보너스 삶!
방황하는 젊은이
어깨 다독이며
등휘진 노인

오르는 언덕길
밀어줄 수 있기를
배고픈 비둘기
맛난 대접할 수
있기를
사라져가는 고향땅
배움 갈망하는 후학들
작은 밀알이 될수
있기를
부끄럽지않게
양심있는
인생 선배이기를~
어둠의 새벽하늘
별들의 하모니
우리도 할 수 있는데

♡ 천국 울타리

作 김천갑

먼저 떠난 어미새
사무치는 그리움
울적한 맘 달래는
할아버지의
가슴시린 섹소폰
순백 손녀의
피아노 선율 콜라보
'내 사모하는 주님
영광의 왕이시라'
짝잃은 내 영혼
쉴 곳 없으매
끝없는 방랑
후회로 얼룩진
누가 떠민것도 아니건만~
<다시 돌아온 보금자리>
천국은
저멀리 있는게 아니라
바로 여기
늘 우리곁에 있음을
*아까운 시간들
서로 등지지말고
서로 보듬고 가요

🙏 드높은 곳에는
作 박노만

이 고요한 새벽
풀잎사이 이슬이 초롱
그 틈새 찬란한 빛
가장 먼저
주님을 뵙습니다.
어제의 고단함에
굽은 등,주늑든 어깨
기지개 활짝펴고
작은 용기내어
주님과 웃습니다.
오늘 지나 또 오늘
새로운
어쩌면 반복의 일상
두려운 시간들
주님을 알현합니다.
지친 뙤약볕에
검게 그을린 자화상
가슴앓이
그저 한량없는 사랑에
주님 곁에 두손을
모읍니다.
*살아있음에
비지땀 흘릴수 있음에
그저 감사합니다

❤그리운 사랑
作 달구지의 노래

뙤약볕 지친 아비
땅바닥 덩그러니
쟁기질 어미소
곁에서 그늘막~
커다란 눈망울
누군가 건네는
막걸리 새참
쭈욱 들이키면
구성진 노랫소리에
논두렁 하얀나비
사뿐사뿐 노닌다.
바쁜 모내기
푸념섞인
엄니 잔소리
농사일 재촉하면
어느덧 夕陽노을
덜거덕 덜거덕
달구지 덕에
고단한 아버지
숨결 고른다.
가마솥 쇠죽
익어가는 내음새
엄니의
때늦은 밥상
옹기종기 자식들
먹일새라

또다시 기울이는
막걸리 한 잔
아버지의 하루가
저물어 간다.
*그땐 몰랐습니다
아버지의 무게가
그렇게 힘겨웠다는것을

❤소록도 천사
　　　　　作 부끄러운사람들

남도 끝자락
작은 사슴을 닮은
小鹿島!
세상 끝
저주받은 갈곳없는
사람들의 수용소
머나먼 낯선 땅
아무도 반기지않는
이방인 천사들
가장 낮은곳
한결같은
獻身의 삶 자취
주님께 받은 사랑
눈물 얼룩진 영혼
한 알의 밀알
실천의 귀한 使命
七旬의 백발
혹여나 부담될까
낡은 가방 달랑메고
떠난 천사들
긁적이는 무딘 펜
부끄러운 참회
무릎꿇고
정죄하나니·
*꽃다운 20대초에
소록도에 오셔서

한평생 문둥병 환자 돌보시다
말없이 떠난 천사
마가렛 피사렉수녀님의 명복을 빌며,
마리안느 스퇴커 수녀님의 빠른 쾌유를 기원합니다

단비를 내리시네
　　　　작 메마른 영혼
시들어가는 풀잎에
단비를 내리사
生氣를 돋구시는
주님
고통의 靈肉
어루만져 주시니
그저 감사해요~

희귀질환의
고통속에서도
꿈을 잃지않는 아이
다름의 이유로
차별 받거나,
따돌림 당하지않게
하시고
숨죽여 우는
엄마의 간절한 기도
외면하지마시고
긍휼의 단비 주시니
그저 감사해요~~

잘난 거만함
채찍질 가하시고
넘치는 재물
베품의 香氣,
지나친 慾心에

배려의 단비 적시니
그저 감사해요~~~
*주님!
푸르도록 시린 5월
서로를 향한
마음의 향기
널푸르게 퍼지게
하소서

❤잃어버린 自我
　　　　作 이팔형
시도때도 없이
카메라 들고 다닌
너정작 엄니 떠나면
영정에 쓸 사진온
버려진 시간
흘러 버린 낡은
옛 기억때문에
소중한 사람들
놓치지 않기를
세상 밖 어둠속
늘 혼자
맴돌던
외로운 아이
밤마다 꾸던 악몽
기억의 저편
아이야
그렇지않단다
혹여나
내 기구한 팔자
너까지 불행해질까봐
가까이 갈 수 없는
두려운 거리
너를 품에 안은
그 순간부터
네 모든걸
사랑했단다.

어른아이야
이젠
지나버린 낡은 추억
바람 저편에 날리고
자유의 날개
마음껏 펼쳐봐
네 소중한
인생을 위해~~
*오지않는 애틋함
다가올 설레임에 묻고파
…

♡당나귀 인생
> To. 김기성

척박한 땅
영하30도~영상40도를 넘나드는 날씨
한반도 黃沙를
몰고오는
지구 북쪽끝 사막
식물조차도
바람몸살을 앓는
이 험한 汚地를
넘나드는 유목민들
야생낙타~
거친 모래바람에
보이지않는 길
등엔
휘어질듯, 굽어질듯
굴곡진 짐조차
홍당무 하나에
마냥
웃음짓는 당나귀
남을 위한 배려
작은 희생조차도
고개돌린
불편한 세상
말없이,묵묵히
당나귀처럼 살아가논
그댄 어떤가?
…

❤살아숨쉬는 正義
作 신문고

민심=天心
君主=王道!
백성들의 뜻
하늘의 명령
민심거역
왕의 독재
하늘이 怒하나니
간신들 멀리하사
忠臣의 쓴소리
백성들 신문고
경청해야 하거늘
現 시국!
민생의 꽃
시름시들
거리는 묻지마혼돈
민생바구니
빈바구나
권력의 꼭두각시
현란한 춤사위
광대의 외줄곡예
마음 심히
두렵도다
新冷戰의 선봉
여.야의 극한대치
이념대립 풍전등화
가는길 위태로워

권력은 짧고
역사는 흐르고
진실은 살아있음에
부디 몸가짐
백성뜻 존중하길
엄히 바라노라
*권력의 주인은
오직 백성
통치자는 民의
대리인일뿐
  단디하라!!!
…

새들도 세상을 뜨는구나
   To. 김현아 前국회의원
삭막한 회색도시
산비둘기 둥지틀고
알을 낳는다.
겨우 껍질을 깬
새끼들
실눈을 뜨고
찢어져라 입을 벌린채
어미 찾는다.
한나절 남짓
휑한 어미새
작은 먹이하나
새끼들 나눈다.
끝모를 美
싹뚝자른 가지
놀란 어미새
날개를 펴
새끼들 덮는다.
고요한 새벽
빈둥지
그녀석들 떠났다
아무런
인사도없이
하늘에는
희뿌연 별
세상 비추고 있다.

🙏 귀향(歸鄕)

作. 장진호

실개천 감돌고
개구쟁이 꼬마들
물장구치던
까마득한 옛동네
그곳에 가고싶다.

뒷동산 아스라이
드높은 하늘빛
엄니 무덤가
푸른잔디에 누워
따스한 자장가
달래고 싶다.

누런 송아지
왕방울 어미소
한가로이 풀뜯던
허수아비 밀집모자
사뿐히 내려앉은
고추잠자리처럼
고향품 안기고 싶다.

빨간 홍시
황금벼 익는 소리
막걸리 한 잔
아버지 흥얼거리시던
노랫자락
꿈이라도 듣고싶다.

타는 저녁놀
집집마다 밥익는 굴뚝

구수한 된장찌개
시원한 동치미 한사발에
望鄕의 恨
달래고 싶다.
마음이 닿는 곳
그곳에 살고싶다.

😎 작은권력의 블랙홀
作 꺼삐딴

꺼삐딴 一
벽에 금이 간 Apt
누런 완장 두르더니
새벽 꼰대질
꺼삐딴 二
인구는 수직낙하
썰렁한 읍내
영감자리 앉더니만
일은 뒷전,
목엔 기브스
괜한 삿대질~
꺼삐딴 三
손에는 King
천공에 염불
안하무인 독불장군
작은 권력에 함몰
바람잘날 없나니
꺼삐딴 一!!
화무십일홍
진중한 새김질 어떠한가?

人 生

作 김길수사장

아직 오지않는
내일이 두려워
오늘을 안절부절
세상사 모든 걱정
혼자 짊어진 양
축처진 어깨
여보게
그 짐 내려 놓게나~
삶의 끈 부여잡고
최선을 다했건만
세상 나혼자
버려진 것처럼
고독이 사무칠때
절규하는
그대 등뒤에
누군가 함께
울고 있음을
여보게
너무 서러워 마시게
화려했건 초라했건
그저 다 지난 추억들
너무 연연하지 말고
흘려버리시게
소중한 무언가는
그래도 간직하질
여보게

세상 별건가
바람처럼 구름처럼
그렇게 가는거지
허 허 허

♡ 엄마 생각
作 장미경

어릴적
타지생활 고달파
고향땅 밟으면
바리바리 싸 주시며
배곯지 말라며
허리춤에 쌈짓돈
꺼내 주시던
인사 드리고
한참을 걷다 뒤돌아보면
동네어귀 하염없이
서 계시던 어머니
환갑이 지난 지금
마음속
빛바랜 사진으로 남아
불러도 대답없논
하늘에 별 반짝반짝
나를 깨우고
환한 보름달
길을 비추니
당신께서 밟고 간
험난했던 길
오늘도 평안하게
따라 갑니다.
*울엄마
그립습니다
보고싶다

🙏 산다는 것은~

인걸 칼럼

가끔 시린 상처에
혼자 가슴 흐느끼며
울어도 보고
크게 데이기도 하고
껍질을 깨는 고통에
밤새워 번민도 해보게나
그래야
성장하고 진화할 수
있으니~~
세상밖 두려워
자신을 움크리고 닫으면
면역력이 약해져
훗날 어른이 됐을때
작은 상처에도
크게 아파할 수도
있으려니~~
너에게 잘해주는
좋은 사람만
만나지 말고
모르는 사람,낯선 거리,가끔의 일탈도
해보렴
<젊어 고생은 사서도 한다>는데
너무 쉬운 일
평범한 드라마
별 재미 없잖아
한 번 사는 인생

값지고, 품나게, 대차게
가보는거야
후회없도록~~
자, 젊음아
누워서 잡생각만 하지말고
일어나 너만의
소중한 인생페달
힘차게 밟아 보게나

♡ 思母歌
　　　作 장세호

땡볕에 한나절
고된 밭일 다녀오신
어머니
수돗가 물 한사발에
허기 달래신다.
동트는 새벽
삼십리길 첫차
친정엄마 병수발
바쁜 잰걸음
자식들 건사
고단한 삶
그래도 웃으시던
엄늬
친정엄마 하늘나라
속으로 울음울다
잔병 깊어져
애절한 눈
천정만 바라보며
무슨 생각 하시는지
새벽 신음소리
열은 40도
삶의 간절함
그렇게 오년여~
끝내 하늘의 별이되어
떠난 님 그리움에
절절한 세월

어느덧
흰머리 소년 되어
당신의 그늘
맴돕니다.
*이름은 福順
가끔 불러봅니다

♡ 그대,힘든가
          To. 신현광의장
짤린 손가락
눈물에 담고
타는 목마름
소주 한 잔에 웃는다.
덜컥 덜컥 기계소리
귀청 때리고
먼지투성이 힘겨워
회색하늘 바라본다.
공장 굴뚝 연기는
일상의 고단함 날리고
구름 틈새 햇살은
허전한 내 맘
헤집고 들어온다.
컴컴한 길가
허름한 선술집
백열등 밝히면
젓가락 흥에겨워
지친영혼들
에녹인다.
*쓴 소주 한 잔에
인생이 있다.

(😢) 너는 아니?
　　　　作 알랑가몰라
겁에 질린듯
흰 비둘기 경계의 눈빛
다리엔 낚시줄 감겨~
너는 아니?
끊어질듯한 고통율
덫에 걸려 싸늘하게
죽은 쥐의
슬픈 눈동자
너는 아니?
님이 먹다버린거
치워준것 뿐인데
灼熱하는 땡볕
길옆 가로수
등에 꽂힌 날카로운 낫~
너는 아니?
한여름 그늘막
잎사귀의 눈물율
人들아!
자연의 섭리 거스르면
부메랑되여
너희들 아니?

😄 동그라미
作 권소윤

한참 달린거 같은데
부지런히 살아온거 같은데
다시 제자리인듯~
조금씩 나아지려나
생각했지만
결국 다시 원점
지나간 시간
먼지쌓인 유리창처럼
희미한 빛바랜
추억되어 맴돌고
볼수는 있지만
만져볼 수 없기에
애틋한 그리움
힘들때
더욱 보고픈 얼굴들
먼 길 돌고돌아
다시 돌아왔기에
작은것하나
내뱉는 말한마디
배려와 존중
진중함 덧입혀
값지게 살아야지
후회는 붙들어 매고
*세모는
세월에 부딪혀
네모가 되고

네모는 동그라미를
동경할수도 있나뇌

😄홀로 웃는다
    作. 조선의 천재
살림넉넉한 집
자식 귀하고
아해 많타만
가난과 굶주림
높은 벼슬아치들
머리는 똥멍청~
재주많은 人才
능력 펼 곳 없구나
아내는 현모양처
남편은 바보짓
티끌모은 부모재산
방탕한 호로자식
어이하리 어이하나
환한 보름달 뜨려니
구름 자욱하고
갓 피어난 꽃봉우리
세찬 바람 부는구나
허 허 허
세상사 다 그렇거늘
홀로 웃는게
웃는게 아니더라

♡낯선 서울의 하늘
作 젊은이의 꿈

돈 한 푼 없는
빈지갑
편의점 유통기한
갓 지난 도시락
알바친구 덕분에
한끼때우고
냄새나는 반지하방
어스름 달빛창
힘든 하루의 끝
그래도 해골 뉘일
안식처가 있기에
꿋꿋하게 버팅기는
낯선 서울의 하늘
낡은 집 인테리어하듯
내 삶도 바꿀수 있다면
새롭게 덧칠하듯
후회스런 지난날
씻길수 있다면
회색도시 공간
공존의 그늘
구름 틈새
햇빛 비추질

😄데 칼 코 마 니
作 김은하의원

울고 싶을땐
울자.
눈물을 슬픔을 견디는
카타르시쓰
웃고 싶을땐
웃자.
기쁨이 춤추는
Happiness~
행복이란!
울음이 웃음으로
승화
마음을 깨치는 감사
님아
힘에 겨워 비틀비틀
누군가의 웃음
슬픔의 회오리
바람에 묻으리니
오지않은 내일이 두려워
오늘의 노심초사
부푼 꿈의 미래향해
지금 이 순간
즐기는건 어떤가?
*웃음
나를 위로하는 것
울음
남을 배려하는 젓

Life & pocket
作 나만의 세상

텅빈 주머니
하나씩 채워본다.
좋은 학벌
출세 주머니
스페셜 자격증
꿀릴까싶어
고급 승용차
페달 밟을세라
이쁜 마누라
루이비통 걸치고
대치동 기웃
귀여운 자식들
뒤치닥거리
내딛는 발걸음 뒤뚱
등골은 휘고
이마엔 골깊은 주름
머리카락 듬성듬성
어디로
가고 있는가?
가긴 가야 하는데~
기다리는 순번
4123456789번
천국가는 티켓
올 것 같지 않은
고도에 대한
자기모순의 합리화

이젠
복잡한
인생 주머니 비우자
미련,욕심,헛된것들
올 때도 빈손이었거늘
남은 여생!
나를 찾아 떠나자
　…

✤ 시 간 여 행
 作 황승현 의원

머루처럼
눈망울 까만 소녀
어릴적
엄마 보낸 충격에
들을수 없는 장애
평생 안고 살았으면서도
제대로된 사랑
받아본적 없어도
어쩜 저리
맑을수 있을까
까무잡잡 얼굴
시원한 까까머리
우직한 소년
하지만
어릴적 떠난 부모
속깊은 사랑
받아본적 없기에
서툰 자식사랑
홀로 외로웠던
어른소년
다시 돌아갈 수 있다면
엄마 가슴에 안겨
편안한 잠
자보고 싶다.
그럴수 있다면
막걸리 한사발

아버지 드리며
맛난 부침개
나누고 싶다.
그럴수 있을까
그럴수 있었는데
*돌아올 수 없기에
아픈 후회없도록
지금 아끼며 살아야지

🌏 부메랑

作 김완규 도의원

사막의 신기루
오아시스 착각
푹푹찌는 아스팔트
아지랑이 이글거린다.
푸른바다
검붉게 익어
물고기들은 미쳐
날뛰고
타는 바람에
갈매기 날게 떨군다.
회색도시
성냥갑 Apt
매연 자동차
가로수 잎새 질린듯
신음 토한다.
계절은
시간을 잊고
떠난 철새는
돌아오지 않았다.
*솥단지 안
개구리처럼
인간은 망각하고 있다

길
作 장다혜

오르막길
한참동안 웃음끼
사라질걸~
마음 단디매고
숨가쁘지만 가보는거야
내리막길
쉬워보이겠지
하지만
끝모르게 내달린다면
글쎄
허탈할거야
좁은 길
답답하고 두려워
선뜻 내키진않아
살다보면
내 의지와 상관없이
갈때도 있을거야
넓고 평탄한 길
뻥뚫린 탄탄대로
하지만 별로
내키진않아
늘어지게 나태해지는거
난 별로거든~
길!
너무 두려워말게
좁으면 좁은대로

평탄하면
잠시 쉬어가면서
人生길 가노라면
인생 사노라면
서로 만나는거니까
*選擇!
후회보다는
부끄럽지 않기를

🎵 가을오는 소리
作 한귀철사장

뜨겁던 여름
언제인양
선선한 바람 불어오면
길가 코스모스엔
춤추는 고추잠자리
가을이 성큼
청명한 하늘
뭉게구름 두둥실
님이 오는 소리
가을새 한마리
처마끝 둥지튼다.
오랜 기다림
가을 웅성이는 숲엔
밤가시 벌린채
씨알굵은 밤,
탐스런 홍시,
주렁주렁 붉은 고구마
식욕 돋구고
바람난 며느리
돌아온다는
무지개 빛
가을 전어에
소주 한잔
지친마음 녹는다.
귀뚜라미 귀뚜루루
가을 밤 노랫소리

동산 위 보름달 뜨면
내 마음도 두둥실
어깨 춤춘다.
　…

포도 와인 향
　　　　作 안진우농협대표
끓어오른다.
조금만 움직여도
땀이 송글송글~
타는 갈증
그을린 얼굴
농익은 수박 한조각에
연신 웃음소리
지친 마음 쉴까나
쉼터 원두막
하늘엔 뭉게구름
서풍에 두둥실
목청껏 울던 매미
잦아들때면
지겹던 여름
떠나려 한다.
아쉬움 달래볼까
주렁주렁 포도
탐스런 맛에
길가던 나그네
걸음 멈춘다.
거친 타향
떠돌던 방황
은은,향긋한
포도 와인 향에
사랑이 젖는다.
고향의

정취가 흐른다.
...

♡　동. 반. 자
　　　作. 문옥섭
등뒤로 부는 바람
땀띠 달래고
따가운 햇살
가로수 그늘진 길에
든든한 벗 곁에 있으니
무얼 더 바라리~
인생여정
힘에 부쳐 비틀거릴때
따스한 손 내밀어
감싸주는 아내 있으니
무얼 더 바라리오
가도가도 끝모를
해도해도 끝없는 외로운 인생길
가끔 어깨 내밀어
기댈수 있는 벗 있으니
무얼 더 바라오리까~
받기만 한 사랑
눈물 흘리기보다
그래도
베풀수 있다면
나 또한
그럴수 있다면
함께 가는 길
아름답지 않으리오~~
*혼자보다
함께 간다면

🌏 Don't forget Nature
　　　　作　어른 아이들
태풍이 지난 자리
선선한 바람
청명한 하늘 바라기~
왠걸
장맛비 지날새라
푹푹찌는 불가마에
거친숨 몰아쉰다.
병들어 신음하는 自然
거친 바다
집채만한 파고 내품고
돌고래 거친 숨결
지느러미 멈추고
바닷가 도로
쓰레기 뒤덮여
찌푸린
회색빛 하늘
공해의 주범
등돌린 세상
북극곰 새끼물고
흐르는 눈물
메마른 사막
낙타는
걸음 멈춘다.
*자연&인간의 공존
　　인간들의 모순된
　　　　인간 편리 합리화

⌛ 善>惡의 판도라
作 이강복

사람의 지혜
신비의 테두리
뱅뱅 맴돌뿐
언제나 열릴듯
열리지않는
인간들의 호기심
판도라 상자 열리니
세상 온갖 고통과 악
어둠의 공포
인류에 엄습
황폐한 이 땅
작은 불쏘시게
생명의 魂 불태워
윤택한 삶 줬건만
도가 지나친
끝없는 욕망
전쟁과 증오 치달아
깜짝 놀란 판도라
문을 닫으매
그래도
'희망'이란 꿈
용기 북돋으사
포기할 수 없는
인간의 굴레

*善=양들의 침묵
  惡=닫힌 마음, 중용=인간의 지혜

無 題
作 류희광

지친 풀잎
밤새 이슬을 만나
영롱한 빛
서성이는 바람
갈대의 콜라보
갈잎의 노래
녹색빛 물들인
붉은 빛 오로라
환상의 밤하늘
어여삐 수놓고~
새벽이 오는 소리
작은 예배당
빛바랜 십자가
잃어버린 羊
어둠 밝힌다.

😎 다름

　　　　作. 이해(理解)

난 땅을 보면서 걷는데
넌 구름 보면서
걷고 싶어해
난 빨리하고 싶은데
넌 거북이
난 약속시간 5분前
넌 느긋하게 1시간後
난 비빔밥 땡기는데
넌 칼국수 타령
안맞아 진짜
등돌린 어른아이둘
네가 힘들때
말없이 등대지기
네가 우울할때
해피 바이러스~
네가 향수병에
외로워 할땐
마음의 단비
네가 방황의 늪
정한수 떠놓고
기도하는 어머니처럼
넌지시 건내는 배려
웃음짓는 어른아이둘
나를 버리면
너가 보일텐데

아버지
作 때늦은 후회

파란 솜사탕
등마타고
어린이 대공원 가보고 싶었는데
주말이면 잠만 주무시는 아버지
세상 제일 게으른 사람인줄 알았습니다.
어느덧 반백
세상사 이리 굴리고
저리 돌다보니
세상에서 제일 부지런한 분이셨습니다.
비오는 저녁
아이가 시켜준 짬뽕
울컥 서러운
눈물젖은 젓가락
그렇게도 짬봉을
좋아하셨던
울아버지
그 먼 나라
아득한 그곳
부디 편히 쉬십시요
엄니랑 손잡고 예쁜사랑
많이 하시길
고생많으셨습니다
고맙습니다

♡ 두 손 모아

作 이선규

화려한 날 저물고
어둠과 적막의 시간
겸손히 주님 뵈옵니다.
삶의 뒤안길
힘들었지만
나름 최선을 다해
부끄럽지않게
살고자 했습니다.
작은 달란트
영혼의 울림
주님을 향한 찬양
두 손 모아
읊조립니다.
잘났건,못났건
부자건,가난하건
아무런 편견없이
올곧은 믿음만
보시는 주님
그 외로웠던 길
소망의 빛
삶에 찌든 어린 羊
희망의 우산 받쳐주는
주님의 따스한 온정
비록 황혼언덕에
서 있지만 두 손 모아
따르고저 합니다.

작 은 행 복
　　　　　作 장 인걸

강풍 몰아치는 언덕
풀잎 숨죽여 눕는다
태풍 지나간 자리
갈대 이는 숲에는
새들의 오케스트라~
무덥던 긴-여름
기억 저편에
들녘엔 황금빛물결
가을 서리꽃
단풍들새라
울긋불긋 가을산
손님들 인산인해
저만치 들리는
청아한 폭포
맑은 물소리
마음의 묵은 때
씻기우려나~
높디높은
가을 하늘엔
흰구름 두둥실
춤추며 간다

♡사랑,나비가 되어
作 오은희

떠난 님 그리워
지새우는 밤
애절한 緣 너무 깊어
맴도는 님
그토록 오랜 세월
사무치는 고통
홀로 겪을때
그대 진정 머무를
작은 뜨락조차
되지 못했나니
나비는
꽃의 유혹에
날 수 없지만
살랑살랑 부는 바람에
사뿐히 날으리니~
님하
부디 그대가
바람이 되어
무너진 마음
부서진 사랑 태우는
작은 날개가 되어
다시 날 수 있기를

♡ 囚生戀歌
　　　　作 사랑 그리워~

철길 위를 달리는
기차의 큰 울음소리
나의 참회 곱씹고
밝아오는 여명
다가오는 별무리
어깨 쳐진 나를
설레게 한다.
어디선가 들리는
작은 종소리
무덤덤 살아가는
나의 심장에
불을 지피고
못난 자식
그리움에 눈물 들새라
환한 웃음 울엄니
다독다독　울아버지
어루 달랜다.
때늦은 후회
그리워하기보다
주어진 삶의 페달
힘차게 밟을세라
그리운 사랑
메아리친다.

❤ 秋 夕
인걸 칼럼

갈까말까
내려갈 차비도 없는데
그래도 기다리실 어머니
뭐그리 바쁜척 낮엔 자취방 뒹굴다가 밤늦게 고향집 닿는다.
인기척에 짖어대는 삽살개~ 한걸음에 맨발로 뛰쳐나오시는 어미새
그곳엔 사랑이 있었다.
추석차례 지낸후
아버지가 따라 주시는 정종 한잔에,시원한 탕국,예쁜 며느리 얻고파 곱게 빚은 송편
그곳엔 추억들이 있었다.
머리 희끗,이마엔 인생 주름살~
다시 찾은 고향!
사랑은 무덤에 꽃피고
아련한 추억은 구름 저편에
그래도
고향 동산엔 보름달이
환하게 비추고 있다.
*그래도 추석!
오랫만에 보고픈 사람들과 한끼 나누는
행복한 한가위되길
기원합니다.

민중의 나라
　　　　作 김학영시의원
간악한 왜놈들
호시탐탐 노리는데
안일한 위정자들
밥축내고 당파싸움
先見之明 율곡선생
십만양성 血토하사
외쳤건만
뒷짐지고 방관하다
風前燈火 나라꼴
방방곡곡 의병횃불
촉석루 논개열사
나라위한 일편단심
죽음에 입맞추고
검붉은 바다
불멸의 거북선
왜놈들 불사르고
聖雄의 희생
다시찾은 山河
이름없이 사라져간
민중의 희생
지켜야 할 강토!
*臣에게는 아직
12척의 배가 있사오뉘
　君이시여
부디 부끄럽지 않는
역사관 챙기옵소서

♡ 나를 버리사
　　　　作　다시 사는 삶
아이 울부짖을 때
나는 눈물 머금고
아이 외로워 방황할때
나는 등돌린 외면
아이 지쳐
허우적거릴 때
나는 힘겨워
아이 빈주머니
허기진 눈빛
나는 그저 허수아비
아이 웃음속 눈물
나는 속으로
한없이 한없에
주여!
못난 에비 찾고있는
아이의 바램
저를 죽음의 사슬 끊으사 삶의 끈
제발 이어주소서
무릎꿇은 읊조림
새벽의 침묵속
말없이 바라보시는
주님의 얼굴
나를 죽이고
다시 사는 삶
날마다 감사의 빛
따라 갑니다.

❤자전거 페달 & My life
　　　作 장동혁전문의
누구보다도
뛰어난 재능
진취적 사고
끊임없이 도전
그런데 지금
"너는 어딨니?"
남들은 저만치
앞서 가는데...
자전거 페달
밟고 디디는 순간
멈출 수 없논
인생길 여정
멈출세라 불안한
밟을세라 힘겨워도
끝모를 챗바퀴처럼...
그런데
"너 그거 아니?"
산속 깊은 옹달샘
졸졸졸 어디론가
끝없이 끝없이~
거대한 바다
설레는 꿈향해~
두려워마
시계 초바늘
누군가를 위해
멈추지않듯

자전거 페달
인생페달
그냥 신나게
달려 보는거야
후회없도록!
*정체되는 것보다
움직일 수 있음에
감사하라

*인걸의 찻잔칼럼

"이 세상 어디가
늪인지,어디가 숲인지
아무도 말을 않네"
각자도생!
살벌한,차가운
냉엄한 이 곳
무너지려는 순간
어려움에 괴로움
누군가 힘이되는
멘토링,counselor
그대 무거운 어깨
작은 위로 되련만
종교의 본질
머리 둔하고,시력 어둡고,후각마비
뿔뿔이 흩어진 아둔한 羊들
목동(사역자)이 목자에게 순수사랑으로 인도해가는~~
헌금의 多少,
직분의 권위
언행불일치가 아닌
바람 차가운 가을
겸손,겸허
실천의 德
많이 하시길

❤지존무상

作　인걸

꺾이지 않습니다
난좌절하지 않습니다
난흔들리지 않습니다
난울지 않습니다
난지난날 후회하지
않습니다
난두 번 넘어지면
세 번 일어서고
열 번 쓰러지면
열한 번 일어설겁니다
그런 나를 믿습니다
난긍정의 힘
희망의 끈
미래로 향한 꿈
비 갠후 무지개
절망속
갈급의 은총
지친영혼 목마른
오아시쓰
믿습니다
언젠가
움추린 날갯짓
활짝 펼
고도를 기다리며
나의 작은 도전을
불태우려 합니다

😍행복한 어른아이
　　　　作. 미스 채플린
험한 도시 한복판
힘든 세파 겪어도
자신의 길 잃지않고
코스모스 산들산들
가을날
童話같은 소녀
너무 어릴적부터
무대위 광대짓
초조함에 긴장감
술에 찌들고
담배에 얼룩진
떨리는 손
초점잃은 눈동자
삶의 나락
속절없는 어둠의 늪
저멀리 들리는
외로운 종소리
붉은 십자가
애끓는 기도
다시 사는 삶
그녀의 따스한 손
지친 새벽
넌지시 건네는
커피 한 잔
행복 넘치는 어른아이.

❤ 가을 소나타
　　作 장미경
하늘 끝닿는 계단
몸뚱이 하나
건사못해
내팽개친 아이들
슬픈 달동네
강건너 도시엔
휘황찬란 불야성
춤추는 과부들
이성잃은 뒷골목
매서운 바람
온기없는
슬픈 거리
방황하는 소녀들
천국은 있을까
하늘아래 모퉁이
창문 틈새로
따스한 햇살
밤새 언 가슴
비추인다
*참어른 드문 세상
추위에 떠는 아이들
어디로 가야하나

☾ 삶
　　　　作 만주벌판에서
빼앗긴 나라
삭막한 만주벌판
떼놈들 소작
이것떼고,저것떼고
남는건 빚더미
온종일 술에 찌들어 걸핏하면 싸움에 트집
밥버러지 기생충 같은
잡놈중의 잡놈
살을 에는 바람
송노인의 처참한 죽음
솟구치는 울분
처절한 저항
밭고랑에 꺾인 허리
흰 옷 붉은 산
황막한 만주벌판
애국가 퍼진다.
*나라를 잃으면
民의 가슴 아리다

🙏 슬픔 저편엔

          作 노을

왜 안오지
뭔가 들뜬 아이
누군가를 찾는다.
등마 태우고
이불호청에
그네 태우던
초인종 울리면
한걸음에 내닿던
까만 양복의 사람들
목청 울리는 울음
하염없이 흐느끼는
할머니의 외로운 등
영정속 사진
맴도는 아이
떨리는 손 잡은 엄마
"아빠는 하늘나라 먼저 간거야 나중에 만날수 있어"
"그래도 한번 왔으면 좋겠다"
고사리 손 네살 아이
첫돌 갓지난
동생 보듬고
간절히 눈을 감는다.

犬이 판치는 나라
　　　　　인걸 칼럼
최근 <뉴욕타임스>기고문에 "식용견 기르다 반려견 열풍"
세상에서 가장 외로운 나라,반려견에게서 동반자를 찾다.--'유별난 반려견 사랑' 이라는 기사를 봤다.
작금의 대한민국
산부인과 간판은 사라지고 동물병원,반려견 용품점은 방방곡곡
　이러다 <동물종합병원 설립!>
반려견이 유모차점령,쇼핑몰 접수~'개모차'로 이름 바꾸고,반려견 동반 패키지 여행,장례서비스 사업확장
< 사람보다
개가 행복한 나라>
반면
전체 인구 2/5가 1인가구,출산율 저조로 지방 군소지역은 인구절벽,인구소멸의 적신호가 켜졌다.
　더 심각한건 노인인구는 대폭늘고　신생아는 가뭄에 콩나듯~
도시는 병들고,지방은 늙어 저물고 있다.
그런데 Apt값은 천정부지 치솟고
대한민국이 가파르게
소멸되고 있다.
*동물을 감싸고 존중하되 매니아적 사랑
　自省이 필요한 시대다.

선택의 明暗

作. 부메랑

간절한 이에게
아이이 탄생은 축복
광란의 불장난
아이의 출산
고통의 부메랑
어여쁜 연인들
사랑의 눈빛
달콤한 솜사탕
원초적 본능
탐욕의 육체
인생의 아픈 鷄肋
설레임의 귀한 인연
보듬고 다듬고
어여삐 가득담아
즉흥적 만남
탐욕의 쾌락
폼페이 슬픈 연가
선택의 순간
책임은 必然!
 어떤가?
그대 발자취
인생의 그림자
그대하기 나름

🙏 善한 삶

作. 겸손

땅을 쫓는 사람은
땅의 열매
돈을 쫓는 사람은
돈의 노예
하늘의 사명을 구하는 사람은
하늘의 열매를 맺나니~
말씀을
인생의 나침반으로
삼아
그 말씀을 겸허히 받들어 기도하며
작은 실천의
밀알이 되는 삶을
살 수 있기를
누군가 당신을 위해
기도하는 것처럼
받으려고만 하기보다
적던많던 베풀수 있는
배려의 삶을
살도록
나를 깨우소서

♡가슴시린 날에
作 아버지 아들

참을수없는 고통에
벽을 핢퀴고
모르핀 절규
새벽녘
고이 주무신다.
그리고
다신 눈을 뜨지 않으신다.
평생
남에게 싫은말 못하시고
자식들에게도
괜시리 미안한지
가슴으로 묻고
막걸리 한사발에
유행가 부르시던
가끔 맛난거 먹다가
울음 뒤엉켜
흐느낀다.
하고픈 말
후회되는 거
아버지
잘못 했다고
빌고 싶은데
세상 살아보니
그땐 몰랐던
그렇게해선 안되는
가끔 어른 회초리

그리울 때
가슴 시린날
울고 싶을땐
가끔 울자
그리운 아버지
품속에서

♡사랑 홀씨
　　作 양무웅회장
나를 본다
　　　　`
　　　　　`

발자취
다가올 시간들
너를 본다
　　　　`
　　　　　`

돌아갈 수 없는
아련한 추억들
평생 그리움
가슴에 품고
熾烈하게 살아온 삶
먼 소풍
떠나기 前
'사랑'의 싹
좀 더 틔울 수 있기를
*인생
무대위 펼쳐진
커튼콜처럼~~

♡사랑 戀歌
作 물망초

여보
그냥 불러봅니다
가끔 그리워
일하다가
생각날 때
각시
그냥 불러봅니다
애잔한 지난사랑
추억되어
속삭일 때
당신
그냥 불러봅니다
지독한 고통에
삶이 외로울 때
임자
그냥 불러봅니다
무거운 인생 짐
말없이 웃음짓던
오늘따라
노을진 夕陽
산등성이
참나무 잎새사이
애처로이 맴돕니다.
 내 인생소풍
마치는 날 다시 만나
못다한 情...

人生

작 어른아이

삶이란
새벽 창 비치는 별따라 가다
저녁놀 질때면
두손 모으는~
삶이란
무탈하게 보여도
양손의 짐보따리
길을 가다 가끔
소나기도 퍼붓는~
삶이란
뭔가 모를 울분에
풀리지않는 실타래
꼬인 인생
절규도 하는~
삶은
거친 풍랑에 넋놓고 있는게 아니라
강한 믿음으로 헤쳐나가는~
삶은
수많은 실패와 좌절속에서도
결단코 포기하지않는~
삶은
따사로운 햇살에
산들거리는 코스모스
고추잠자리처럼
돌고돌아 맴도는
여보게

해거름무렵
선술집에서 동태탕에
시원한 대포 한 잔
나눌수 있는 벗이 있으니
그거면 족하리 허허허
*삶은
그렇게들 살아가는
시간들의 발자취!

❀가 을 예 찬

　　　　작. 장인걸

지겹던 더위
떠난 자리에
갈대 이는 바람타고
가을 향기 스친다.
축 늘어진 영혼
흩어진 마음
따사로운 햇살 다가와
포근하게 감싼다.
시리도록 푸른하늘
어둠 저편엔
반짝이는 뭇별들
어여쁜 축제 수놓고
희미한 길모퉁이
홀로 걷는 나
감미로운
귀뚜루 귀뚜루 소리
벗처럼 속삭인다.
어스름 새벽
찬이슬 잎새 적시면
울긋불긋 단풍
몸맵시 단장하고
들뜬 시인의 가슴
춤추게 한다.
*가을이 간다
단아한 여인의 옷고름 수놓으며~

♥ 自 畫 像
　　　　　作 장정호

거울속에 비친
나를 보다
지그시 너를 본다.
껍질인 나를
허상인 나를
벗기고 벗겨야
겨우 드러나는
너의 민낯
나를 가두면
넌두터운 마음의 벽
사노라면
얽키고 설킨
속박의 굴레
너를 원망한
그늘진 세월둘
상처 보듬고
생채기난 너
어루만지며
운명의 실로 얽힌
속 깊은 인연
'사랑' 오작교
무지개되어
마음의 두터운 벽
허문다.
*속죄의 나를 깨치면
어여쁜 네가 웃는다

UM black & white
　작 루터킹의 메아리
증오와 멸시
조롱과 폭력
블랙의
멈추지않는 눈물
검은 양복의 흰셔츠
검정 구두에 흰 양말
블랙 밸트의 중후함
블랙커피의 쓴맛을 즐기면서도
까무잡잡한 피부라고
무시하는 백견들
하늘나라 천사는 백의
블랙천 두른 사제들
존중과 배려의 거울
사람과 사람에 대한
수평선 울타리
흑과 백의 어울림~
증오로 얼킨
멸시로 얼룩진
불신의 벽 허물고
간절한 소망
루터킹의 읍소
뜨겁던 메아리~
그후로 40여년
Black의 간절함
백악관에 둥지틀고
세상 향해 나빌레라

♡Children in Heaven
　　　　작　굽어 살피사
얼어붙은 벌판
얼룩진 저 하늘
세상 버려진 아이들
파도가 품는다.
바다 보고픈 아이
엄니 엄니 부르다
풀숲에 눕는다.
바다 그리운 날에
넘실거리는 파도
슬픔 씻긴다.
어른들 보여진 민낯
자괴감에
동심 뒤틀린 아이들
선한 양들의 상처
천사는 알까?
천국은 있을까?
그래도
타다 남은 불씨하나
어둠속 희망
일그러진
천국 울타리 여민다.
*아이들의 간절한 꿈
부디 꺾이지 않기를~

♡고운 님
　　　　作 장승호
무명치마
삼베저고리
엄동설한 털신하나
문풍지 칼바람
바람들새라
문고리 부여잡고
동틀무렵 잰걸음
친정엄마 봉양
지친 걸음 내달아
자식새끼 건사하랴~
아침이슬,찬서리
온몸으로 맞을세라
모질게 버티시다
서럽게 가시더라
철 모를 자식
때늦은 후회
맴도는 무덤가
들국화 향
능선에 걸친 노을
안타깝게 나빌레라
*살아계실 제
사랑한다 말할걸~~

인생 찬가

　　　　　作 이경희

영롱한 이슬
마음에 닿으면
평온한 눈물
뜨겁던 사랑
찬서리 내리면
떨구는 낙엽
노오란 은행잎
돌담길 나부끼고
님향한 노스탤지어
어스름 달빛
구름타고
새벽 맞으니
나뭇가지 끝
까치의 노래
고운님 소식 오려나
*황혼의 문턱
　부족했지만　나름
최선을 다한

♡ 어른아이

작 마음의 고향

산첩첩
내 그리운 마음의 고향
꿈속에선 엄니 품
꿈깨면
베갯닢 적시고~
나름 살았건만
잔그늘 주름깊고
애지중지 키운 자식
둥지 떠나니
찬바람 문틈새
외로이 떤다.
다가온 새벽
두손 모아 작은 기도
마음 에리고
철 지난 기억들
가슴 시리네
애닲은 삶
웃음 저멀리
동심마저 잃어버렸던
어른아ᅌᅵ
영혼의 울림
고요히
메아리친다.
*어느덧 환갑지난
 그대
살아온 발자취 나름 의미있다.

🔺 그대 누군가?

作.   共存의 그늘

새장 속 갇힌 새
날개잃은 천사
한없이 지져귄다.
찌든 도시 나뭇잎
숨죽여 고통
누군가를 위해
그늘막 드리운다.
알록달록 단풍잎
짓밟혀 부서져도
가을잔치 살랑거린다.
길가 핀 들국화
꺾이는 아픔
그래도 어여쁜 香
심지는 못할망정
가꾸진 못할망정
꺾는 양심
그대 누구인가?
*나무!
아낌없이 주고 겨울이 오면 裸身의 몸되어
神의 심판 기다림
 인간!
벗고 싸고 지멋대로
노닐다 겨울오면
모든걸 감추려나
눈만 쏙~

내가 꿈꾸는 세상
　　　　　　作　장인걸

배움이 목마른 아이
공부의 단비 흠뻑
알바 취준생
따스한 밥 한끼
나눌수 있는 어른
언덕길 힘겨운 노파
지팡이 대신
어깨 내어줄 수 있는
구세군 남비
슬며시 나눔의 손길
물질이 우선순위가 아닌
난사람보다 된사람이
좀더 많은
强者보다 弱者를
상석에 앉히는~
반칙과 편견이 없는
옹고집보다 소통,
위선보다 솔선이
보편화된 세상
굳이
하나님을 찾지않아도
영혼이 천국인 세상
貧者가
행복한 세상
그런 세상을 꿈꾼다.

💠아시나요 그대
作　　둥지

歲月!
고통의 바다
삶의 전쟁터
한평생 등지고,척지고
싸우다보니
어느덧 노을
人生!
하루 두 번 오지않는
새벽처럼
흘러버린 시간들
주워담기 어려워
다가오는 시간
간절히 붙잡고
살고파~
아시나요 그댄
콩깍지 불타던 사랑
이리저리 부딪혀
무딘 가슴밖에
남지 않았건만~
슬픔과 기쁨의 잔情
주름살 덧입혀
마디마디 굵은손
부디 놓지 않기를
何 세월!
님향한 그곳에
구름조차

내 지친 등
떠밀고 가나니~.
*황혼의 두 그림자
부디 잡은 손
놓지 마시옵소서

♊ 노인의 새벽
作 산다는 건

천근만근
노인의 발걸음
골고다언덕 힘겨워
이른 새벽
어디를 가는걸까?
하루종일
찾는 사람없고
육신은 여기저기
빨간 신호등
지나는 바람소리조차
외롭기 그지없네
소싯적 한자락
뽕짝 가사는
내뿜는 담배연기에
새벽 찬바람
공허히 메아리친다.
가로수 나뭇가지
겉터앉은 까치는
정다운 손님올까
숨가삐 지져댄다.
노인의 속도 모르고~

♡사랑,저만치에~
　　　　　　作 이홍배
　새처럼 훨훨
나비처럼 사뿐사뿐
때론
예쁜 장밋빛 꿈
그런 사랑 願했건만
당신을 만나지 않았다면
이런 고통 없었을텐데
北風 찬바람 매섭고
젖은 연탄에
서로 부둥켜
지새던 밤
당신을 만나지 않았으면
이런 슬픔 없었을텐데
임자
그런 말 마소
당신 바느질덕에
冬至 찬바람 지나가고
당신 새벽밥 덕에
힘든 하루 버텼소
그뿐인줄 아소
임자 안맞났으면
아련한 추억
소중한 삶
숨가뿐 순간들
임자
기왕 맞잡은 손

예쁜 석양노을
함께 노닐다 가오
   고맙소
...

🌸 너에게 난

　　　　　　作 박은희

뒤로 걷는 꽃길처럼
살아온 날들
그래도
그리운 물망초
가로등 불빛 켜지면
기다림 속에
추억 속삭이고
담벼락 창 문틈
흐르는 클래식
설레임 물든다.
사랑하는 연인에겐
풋풋한 love song
떠나는 인연
진한 이별노래
아련한 젊은 날
가슴뛰던 골목길
추억의 소나타
서로를 향해 손짓하며
미소 짓는다.

❤ 無 題
　　　作　새가 되어
찬바람 불 때
우박 내리칠 때 솜사탕처럼
하얀 눈
따사로이 감싸고
먼 훗날
쓸쓸히 세상
이별의 순간
오작교 새가 되어
그리운 사랑
만날수 있다면
'별이 빛나는 밤'의
<반 고흐>처럼
내안에 숨겨진
서러운 고독
도화지에 담아
영혼의 안식
해맑은 童心
맘껏 그려보련만

🎵 My way

作 42.195km

부모의 그늘
형제들 울타리
벗들과 어깨동무
인생 10km
어느덧 나빌레라~
쌍코피에 치질
밤새워 螢雪之功
꿈의 상아탑
군부독재
님을 위한 투쟁
20km 고비사막 넘는다.
가난했지만
좋은짝 만나 알콩달콩
새싹들 무럭무럭
평생 獻身의 삶
어매 하늘나라
술로 달래던
바람결에 날리고~
삶의 교차로
절정의 순간
오만한 자존심
선택의 오류, 우울증
고통의 눈물조차 메마른
魔의 35km
천사의 메아리
그분의 음성

뒤돌아 보지 마라
후회접고 마음 비우니
드디어 보이는
40km 인생 파란 하늘
My way
42.195km
나름 잘했어
그래 잘왔다.
*인생!
누구에게나 주어진
자신만의 길
짐보따리 덜면서
가보세 그려 ㅎㅎㅎ

♡할망,그리운 날에
　　　　作. 잃어버린 自我
바닷가 출렁 파도
슬픈 자장가
숨죽여 우는 아이
지친 할망
거친손 내민다.
정녕 자신의 삶
쇠사슬처럼 얽혀있어도
억세풀처럼 단디매고
성산포 물길질에
인생고개 넘는다.
바다가
하늘을 戀慕해
시리도록 푸르듯
情에 굶주린 아이
가슴에 품은 할망
여린가슴 어루만지신다.
겨울바다
외로운 등대지기처럼
갈 길 잃은 소녀
할망의 따스한 눈
속삭이고 있다.
이제는 먼길가신 할망
창밖에 나비되어
춤추고 있다.
*고독한 세상!
할메 그립다.

🍒그대! 민주주의
　　　　　작. 장인걸
386!
밤새 숨죽여 울던
목숨을 불사르던
독재타도 절규
갈급한 민주,자유~
586!
민주를 빙자한 독선
이마엔
참기름 번지르르
배부른 돼지
보수와 야합한 기생충
686!
젖은 연탄처럼
민주의 불길 꺼지고
선거 철새들
정책은 실종
보수,진보로 양분
민심분열 판도라
변질된 괴물들
판치는 세상
*민들레 홀씨처럼
민심이 떠나고 있다.
 정치에 경종 울리며~~

비 질 란 테

作 Dark hero

법보다 주먹
유전무죄,무전유죄가
판치는
불평등의 회색도시
소리죽여 울부짖는
누군가를 위한
<다크 히어로>
솜방망이 처벌
범죄가 더 큰 범죄를 낳는 무법도시
기득권의 안하무인
惡을 善으로 징벌
영웅<비질란테>
양심이 실종된
불야성 거리
숱한 양아치의 소굴
탈선과 방종
윤리적 딜레마
正義의 심판
<데스노트>
억눌린 세상
답답한 사회
뻥뚫어주는
우리들의 숨은 영웅
희망 꽃 <비질란테>
*희망 일그러진 세상
그래도 정의는 꿈틀..

😎 선글라스

作 밝은세상

해변 푸른빛
스키장 백설
눈부신 반사
갈색 렌즈~
희뿌연 회색빛
안개 자욱한
밤늦은 거리
노랑 렌즈~
시원한 초록
스치는 풍경
확트인 세상
녹색 렌즈~
따사로운 빛
보고픈 사람
그리운 숨결
붉은 렌즈~
어둠의 빛
보기싫은 세상
잃어버린 自我
블랙 렌즈~
*그래도 벗으면
또다른 세상!!!

♡고맙습니다 그대들
　　　　作. 부끄러운 양심
영화의 한 장면처럼
적막의 한밤중
무장군인들 워커소리
民主 堡壘 허문다.
위기의 찰나
삽시간에 달려온
작은 촛불들
목숨 卟하며 지킨다.
양심과 명령이 부딪히는
흔들림속에서도
죄없는 백성
짓밟지않던
소심한 몸짓들
허리굽혀 사과하던
어쩌면
우리의 또다른 몸짓
敵의 침략에
최전선 보루의 선봉대
통치자의 오판
어찌 그대들 잘못이던가
그대들!
고개 숙이지마오
어른들인 우리가
미안하오
오히려 고맙소

🌷그 겨울 봄햇살
作. 민중의 노래

아!
광주의 5월
따사로운 봄 햇살
신록의 싱그러움
농익어 질 때
무장군인들 워커소리
빛고을 짓밟고
군부의 총칼
영문도 모른채
죽어가던 민주주의
세월 덧없어라
여의 한강 12월!
한밤중
또다른 군부의 워커
民의 마지막 보루
의사당 짓밟고
처참히 무너지는 찰나
민중의 작은 촛불들
숨죽인 저항
하늘 도우사
고개숙인
비굴한 쿠데타
찬바람 매섭던가
거친 숨소리
따사로운 봄 햇살에
잦아들고 있다

♡그리움 저편엔
　　　　　作　맴도는 꿈
　그토록 사랑했던 님
임종 순간 못 본 체
떠나 보내고
밤마다 그리움에
말없이 흐르는 뜨거움
곁에 있는듯
다정히 속삭이는데
깨어보면 빈자리
가고 싶은데
만나고 싶은데
눈에 밟히는 아이들
내 머릿속
지우개가 있다면
차라리 좋으련만~
하늘아래
같은 어둠이
존재하지 않는 것처럼
돌고도는 세상
이 사무치는 슬픔도
언젠가 끝났으면
그리고
새롭게 다가오는 새벽
따사로이
찾아 오겠지
어여쁜 꽃이 되어~

망각의 언덕
作. 오르다보면

삶의 무게를
알아버린 사람은
그 무게의 의미를 알기에
머뭇거린다.
지친 어깨를 누르는
또다른 짐 힘겨워
갈짓자 인생고개
주춤거린다.
그래도
조금씩 벗어나고 있다는
망각의 언덕
삶의 비탈길
소나기 그친후
무지개처럼~
거센 눈보라 잦아든
백야의 설경처럼~
견딜 수 있는
꿈있어
눈물젖은 오르막길
한걸음 내딛는다.

😎촌철살인(寸鐵殺人)

作. 인걸 칼럼

길가의 들꽃!
아무곳에나 피지만
아무렇게나
살아가지 않는다.
방구석 뒹구는 그대!
실수를 해보지 않는 사람
결코
새로운 것을
시도하지 않는다.
쓰디 쓴 시련!
인생의 소금
희망이라는 설탕
꿈이 없다면
어깨 축쳐진 그대!
힘든 발걸음
고개 숙이지 마라
저멀리 아니 가까운 곳에
찬란한 무지개가
그댈 반기리니~
그러니
새우잠을 자더라도
고래 꿈을 꾸시게나
"성공하고 싶은가?
눕지말고 뛰게나"

♀ 세월 저편 너머엔
作. 장인걸

바람 심히 나부끼면
곧추선 나무 흔들리고
햇살 곤두서면
싱숭생숭 내 마음
새까맣게 그을린다.
영롱한 이슬
때론 서러운 눈물
이쁜 사랑도
상처 에리면
아니 만남 못하리니~
지난 일들
흐르는 물에
세월 씻긴다.
갈잎의 노래
解渴의 순풍불면
인생 단풍 어여뻐라
잔주름 깊은 골
세월 지난
언덕 저편엔
파랑새 날고있다.

♡♡인생 지게

作 그리운 날

등에는 콩 한자루
머리엔 광주리
새벽 한달음
오일장 내닫는다.
언제나 오실까
맛난 사탕 사오려나
해거름부터 동네어귀
목 빠지게 기다린다.
껌껌한 저발치
반가운 엄니
힘없이 걸어오신다
빈 광주리 들고~
그땐 몰랐습니다
온종일 굶으셨을
엄니의 배고픈 삶울
자식 대학공부
등골 휘어진
아버지의 지게
보릿고개
턱밑까지 가쁜 삶
겨우 막걸리 한사발에
달래던 시름
막막했을
아버지의 무게
어느덧 환갑
이제서야

당신들의 고단했던 삶
인생 무게가
얼마나 힘겨웠을지
조금은
헤아려봅니다.
그리고
나지막히 불러봅니다
아버지 ᐧ ᐧ ᐧ
어머니 ᐧ ᐧ ᐧ
 사랑합니다
때는 늦었지만~

♡님의 넋두리

　　　　　　To. 우상호정치인

차디찬 서쪽하늘
진눈개비 흩날린다.
양심은 실종
善은 모퉁이 비틀
惡은 버젓이 활개친다.
상처 아린 童心
어둠에 숨죽여
메마른 눈물
허공 맴돌다
잠든다.
저멀리
희뿌연 십자가
갈급한 염원
겉과속 다른 羊들
상처 곱씹는다.
누구를 위해
누구를 위한
누군가의 절규
홀로
메아리친다.
*惡이 승리하는건
善한 사람들이 아무것도 하지 않기 때문..

飛　翔
　　　　　　　　　作　　장인걸

이젠
하늘을 향해
꿈꿔왔던
나래를 펴자.
그토록 渴望하던
처절하게 그리웠던
끝없이 절규했던
　<순간들>…
세상을 향해 포효~
내 마음속
지하에 움크려있던
한없이 누르던
속박의 사슬을 끊고
훨훨 날자
나만의 공간
나만의 시간
온전한 나를 위해~
나의 소중한 시간들
아끼고 보듬으며
꿈도 꾸면서
*잘가
내 빛바랜
젊은 날들이여!

🌈 구름 낀 하늘
作 흑백의 컬러

흑백의 단순함 지친
화려한 칼라사진
조명빛에 화사한
별들의 잔치
최고의 무언가에 대한
끝없는 욕망
만족하지 못하는
허접한 졸부들의 과시욕
무미건조한
따분한 오후의 햇살
일그러진 도시
살갗을 때리는 칼바람
먹이를 찾아
허둥지둥 헤매는
늙은 노인의 눈
화려한 칼라에 가려진
작금의 明暗
어수선 시국에
극한의 이데올로지
갈 길 잃은 양들의
무거운 발걸음
거친 통치의 카르텔
침묵의 양심
구름 낀 하늘
어둠지나
태양은 뜰까?

♡그대,아는가?

作 장 정호

긴 하루의 끝
언덕 저 편 노을
애닯도록 물들면
놀던 친구들
하나 둘 엄마 품으로
돌아가는데
홀로 서 있는 나
밤이 엄습해 오는데
철없던 몸부림
뼈 아픈 절규
그리운 恨되어
나를 흔들고
새벽 철길 달리는
기차의 기적소리
님 오시려나
잠시 설레임
푸른하늘 작은 새
바삐 지져귀면
지친 나의 삶
또다른 하루를 재촉하고
맑게 울리는
작은 예배당 종소리
善한 십자가
방황하는 나를
감싸고 있다.

✍ 정(情)

作 박창완교수

 돌아가볼까
정겨운
모퉁이 돌담길
그리움일까
개울 징검다리
사뿐사뿐 그 소녀
외로움일까
고즈넉
혼자 추는 브루스
나빌레라
흘러버린 세월
잊혀진 사랑
휑한 들녘
외로운 허수아비
참새의 노래
초가지붕 굴뚝
피어나던 情
도란도란 된장국
정겨움 있었는데~
*Ai,스마트폰에
잃어버린 책갈피

✂ 삶의 모퉁이

作. 빗자루

긴긴 밤
바람에 지친
문풍지 우는 소리
추위에 덜덜
앙상한 나뭇가지 끝
웅크린 참새
방앗간 여는 소리
떼창을 한다.
비틀거리는
외로운 도시
잃어버린 젊음
전봇대 밑
어둠속 절규
빈 리어카
힘겨운 언덕 빼기
허기진 노인
무딘 발걸음
밤새 역겨운 殘傷
씻기는
어느 청소부의 땀방울
희망을 수놓고~
저멀리
구름 헤집고
떠오르는 여명
누군가의 꿈
미소짓고 있다.

🎵 어 이 타

　　　　　　作. 나그네

옛사람 그리워서
찾아온 고향땅엔
眞品은 간데없고
짝퉁만 넘쳐나네
어이타 無情한 세월
바람에 날리우네

♡여보게 친구
　　　　作 그리운 사랑

어여 들어오시게
사립문 삐걱,
개짖는 소리
마실 온 동무
아랫목 내준다.
밥 한술 뜨세
된장찌개에 묵은 김치
가난한 밥상이건만
다정한 동무
숫가락 내민다.
걱정말고 다녀오게나
노총각 상견례
치매 노모걱정 애닲파
아들처럼 보듬는다.
삶이 벅찰땐
내 등 기대게나
난 눈 먼 장님
자넨 절름발이
변질된 세상에
도타운 情
되돌릴 수 없으련만
'우리'리는 울타리
맴돌다 간다.

❤ 나를 위한 너

作 그림자

또다른 하루의 시작
천근만근
눈뜨기 싫은 나
잠을 깨우는 너
이리비틀 저리흔들
갈곳몰라 방황하는 나
참 힘들었을텐데
등 뒤에서 받쳐주던 너
마냥 서러워
울음지친 나
빙그레 미소 머금고
어깨 토닥토닥
달래주던 너
고마워
참고 인내하며
나를 일깨우던 너
저녁놀 물들면
나만의 쉼터
포근한 밤이 되기를
 늘 감싸주는
너 또한
평온이 함께 하길

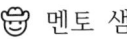 멘토 샘

To. 왕성옥의원

여보게
자네 입은
몸을 치는 도끼
몸을 찌르는 칼날처럼
섬뜩하려니
마음을 잘 다스려
내뱉는 입을 조심하시게
밤새워
번민,고통속
갈 길 헤매는
수많은 시행착오
삶이 벅차 몸부림치는
숱한 멘티들
물질 만능 황금빛
휘황찬란 홍등가
휘청거리는 젊음
텅빈 마음들
어른이 간절한 시대!
어른이 없다.
숨죽여 우는 아이들
어디로 가야 하는가?

🔔 누군가 길을 묻거든
作. 同 行

무덤가 슬피우는 새
처량타 울거를
눈물이 없구나
어여쁜 장미
설레는 맘 꺾었더니
날카로운 가시
죽고 못살것 같던
불타던 사랑
돌아서니 찬바람
벗 사귐 깊은 情
마음까지 나눴건만
등뒤에 비수
세상향한 옹벽
나만의 공간
외로운 먹구름
그래도 누군가
믿음의 햇살 비추리니
나 또한
어둠속 방황하는
누군가를 위해
말없는 등대지기~
*나를 위한
좋은사람 찾기보다
길잃어 갈급한
누군가를 위해~~

✎ 능동태
作 윤석진의원

늘 고민
상상의 나래
발걸음 늘 그자리
될것 같은
잘될것 같은
헤매는 몸짓~
어느덧
벗들은 저만치
난 어디쯤
잃는게 두려워
초조한 떨림
얻는것도 있으니
한걸음 내딛어 보렴
산다는건
명쾌한 해답
없는게 당연지사
수동의 허물 벗고
능동의 인생 페달
힘차게 솟구쳐
훨훨 나비처럼~
후회없도록
*물론
선택은 그대 몫!

🙏 진실의 江

作. 넌

눈물 채
마르지않은
못다핀 한송이 꽃
가는길 서러운지
뒤돌아본다.
진실을 숨긴 채
거짓 僞善의 얼굴들
비겁한 변명
영혼의 메아리
부메랑되어
누군가를 질책한다.
모퉁이 한 켠
서럽게 울던 母
피맺힌 절규
'사과 한마디'
양심의 거울 깨운다.
고통속 몸부림
혼자 외로웠을
한 떨기 꽃망울
부디
예쁜 별되어
반짝반짝 빛나질
*故 김새론 양의
평안을 간구하며~

향 수(鄕 愁)

　　　　　　作　마음 한 켠에

가슴 먹먹
머물다가는
그리운 옛 추억
살면서
가끔 꺼내보는
마음속 사진들
어느 순간
추억들
내 기억에서 떠나면
나의 존재도
묻혀 지겠지
고향!
떠나기 전에
머물다가는
빛바랜 사진관
잔주름에 흰머리
언덕위
석양노을에 물들고
살랑대는 바람은
내 설레는 맘
살포시 실고
남쪽하늘로
날개짓하고 있다.

나쁜 세상

作 性善說

꽃보다 예쁜 아이
꽃으로도 때리지마오
향기로운 꽃도
아이 가슴엔 상처되나니
봄바람 춤추는
공원 놀이터
모이쪼는 흰 비둘기
함부로 차지마오
밤새 누군가 토한 부산물
감사히 먹고 있을뿐
깜깜한 골목
전봇대 흔들흔들
설마 황금便까지
새벽길 여는 아저씨
아침은 어이하리
길가 흩어진 돌
산자락 돌고돌아
개천까지 왔거늘
무슨 연유로
돌팔매질 하는가
나쁜세상!
지가 필요하면 取하고
쓸모 없으면
가차없이 내치니~
떠도는 나그네
갈곳 어드메뇨~~

❤ 연 가 (戀 歌)

作. 밀 알

아름다운 선율
가슴아린 멜로디
동병상련의 傷痕
우수에 깃든 목소리에
넘어갔던 인생고재
번민의 한 줄
따스한 글귀
갈급한 靈魂에
한줄기 빛
힘겹던 삶 힐링 에너지
억척스런 광대
앙칼진 대사
가슴에 와 닿는
生의 변주곡
메마른 인생의 단비
짧은 시 한 편
울부짖는 딴따라
심해 저 깊은 곳에서
울리는 노래~
그들이 있어
외로운 인생
서글프지는 않았다.

♡효 자 손

作. 에밀레

기나긴 밤
등은 가려운데
손은 안닿고
누가 긁어주려나
이런
내가 긁으면 되는것을
눈은 말똥말똥
옛일 생각커늘
숨가삐 살아온
아쉬운 세월
쓸데없는 자존심
절실함보다 체면에
그늘진 아이들
　家長의 무게였거늘
밥숫가락 들만하니
떠나가는 님
사무치는 그리움에
불러보는 思母哭~
어느덧 인생무대
아웃사이더
삶의 쉼터
속삭이지만
미약한 힘
작은 밀알이되어
떠는 잎새들 받치는
든든한 뿌리가 될 수 있기를..

등 대
                To. 이선우 목사님께

삶이란 좌표
때론 칠흑의 어둠
저멀리 다가오는 등대
그분이 주신 感謝
삶의 좌표
내 의지와 상관없이
기나긴 터널
저 끝자락 여명의 빛
그분이 주신 感謝
삶의 좌표
가끔 인생 톱니바퀴 삐걱
청정 에너지 듬뿍
그분이 주신 感謝
삶이란 좌표
가는 길 어드메뇨
반짝이는 별무리 동행
그분이 許한 감사
삶이란
마냥 주시니
그저 감사뿐

♥금쪽이의 사랑
作 반딧불

숨이 턱 차오르는 언덕
주저앉는 아이
힘에 겨워 뒤쳐지는
가녀린 몸
"아빠,업어 주세요"
울음터진 아이
"넌 포기할거야"
단호한 한마디
<넌 할 수 있어>
멍든 하늘엔~
다시 일어나
뛰기 시작하는 아이
멋진 형이 되기위해
조금만 더
어른이란
인생항로 거친 길
만날 수 있는 두려움
가끔
삶의 이정표가 되어주는
키다리 아저씨같은~
멍든 하늘
바람이 춤춘다.
＊자폐 스펙트럼 아이들
곁눈질 마시고
작은 용기를 주세요

♡ 머문 아이
作. 깨우침

손톱 물어뜯는 아이
초인종 소리
혹시 아빠
심장 두근두근
불편한 식탁
싸늘한 공기
언치는 밥
토할것 같온
어른아이
두려운 세상 벽
지친 영혼
상실된 자아(自我)
잠 못 드는 밤
약 없이는 버티기 힘돈
새벽은 올까
타는 갈증
주춤 발걸음
어둔 소파
들썩이는 아버지의 어깨
자책하는 당신의
뜨거운 눈물
또다른 어른아이
당신 또한
누군가의 아들
가난에 버팅기던
외로운 인생

많이 힘드셨을텐데
서로 부둥켜
상처 보듬고
아름드리 깨우침
사랑숲으로 승화되질
*아픔을 아픔으로
서로 손잡고
아픈 기억들 기쁨으로
그대 하기 나름
…

♡그리운 날에♡
作 두견새

난길거리 걸인을 보면
불쌍하다 생각했다.
그런데
내게 아낌없이 주신 어머니는 불쌍하다 생각치 않았습니다.
 밥 한 번 사준 선배
고마움에 진한 접대 했건만
그런데
날 위해 평생 밥짓고 고생하신 엄마,맛난 고기 한 번 제대로 사드리지 못했습니다.
드라마에 비친 주인공의 힘든 연기에 눈물 펑펑 쏟았지만
정작
삶에 지쳐 허덕이신 내 어머니의 한맺힌 눈물은 알지 못했습니다.
여자친구에겐 사소한 잘못도 눈치보며 사과했건만
정작
수많은 잘못과 거짓을 일삼았던 어머니껜 진심어린 사과,용서를 구하지 않았습니다.
밤새 아픔에, 뜬눈으로 지새는 외로운 고통,혼자서 감당했을 두려움,감히 헤아리지 못했습니다.
때늦은 후회
잘못했어요 잘못했습니다
무릎꿇고 용서를 빕니다.
*먹먹한 내마음
숲속 두견새도

피울음 운다.

♥천국열차 🙏

인걸 칼럼

매진이다.
더 태우고 싶어도 자리가 없다.
 누구나 믿기만하면,회개하면,罪를 져도 죽음에 임박해서도 믿으면 천국
 그런데 왜 요즘 믿던 사람들까지 등을 돌리는걸까?
초대 교회들 대부분은 낡은 성전,에어컨도 없는 땀찔찔 그래도 성전은 빼곡히 문전성시처럼
 오늘날
외형은 삐까뻔쩍, 휘황찬란한데 대부분
텅빈 예배당

*생각해보자
 고된 노동,외롭고 지친영혼들 휴식과 힐링을 충전 또다시 시작하는 한 주의 에너지를 얻고자 찾은 성전 오히려 찬바람만 쌩쌩 불고있다.

*생각해보자
 눈감고 기도할 땐
믿음의 형제,눈뜨면 인정머리없는 눈동자둘힘들고 어려운 사역, 신방은 외면하고 소위 교회의 중추인 장로,권사들은 양지에 끼리끼려음지의 외로운 양들을 외면하고 있다.

*생각해보자
 현대화의 급진的 변화,물질문명의 현란함그에 걸맞는 변화 당연히 필요할진대
권력자들처럼 기득권을,자신들의 이권을 먼저 생각하는
…

힐링 노래

作 이방인

어른이라는 이유로
홀로 삼키던 눈물
고단한 하루 끝
쳐디본 하늘엔
노을
서럽도록 예쁜데
정신없이 살다보니
어느덧 깊은 주름
숨어 우는 나의 꿈들
따스한 햇살
언제쯤
나의 언 가슴 녹일까
지치면 잠시 멈추라고
손짓하는데
가끔은 바보처럼
이 넓은 세상
틈새 이방인처럼
실실 웃기를
언젠가 다시 펼
너의 소중한 꿈을
위해서라도~

인생의 노저어
To. 노시정 목사님께

인생의 江
너에게 닿고 파
고독을 묻고
세상을 달랜다.
내일은 올까
두려운 마음
어둠속 여명은
아침을 수놓는다.
강한 바람에
인생 돛단배 휘청
고통의 연단 올지라도
담대한 믿음으로 승화
사노라면
때론 순풍에
가끔 역풍에
삶의 끈 얽혀도
그분의 따스한 손
나를 다독인다.
메마른 황무지
이는 회오리바람
단비내려 주시니
살아온 my way
미완성 오케스트라
그래도 웃는다.

🦋 마더(Mother)

作 동네어귀

삶이 외로워
바라본 하늘엔
별들의 노래
그리운 님 보고파
열차에 실은 몸
밤깊어 고향땅
사립문 삐거덕
삽살개짖고
맨발로 성큼
따스한 당신의 손
먼 타향 고생타
바리바리 도타운 情
모퉁이 가는 길
먼발치 서 계신 당신
옛사랑 그리워
찾아온 고향
무덤가 나비만
맴돌다 가네
*神께서
수많은 인간들 돌볼 수 없기에 어쩌면
<엄마>라는 님
보냈건만
 아직도 애잔한 그리움에
떠도는 내 靈魂

裸木

作　攝理

山둘레엔
하얀 도화지 색채 입힌듯
화사한 꽃무리
바쁜 꿀벌들 잔치.
 길가에 늘어진
나뭇잎새 짙푸른 숲길
따가운 땡볕 가리매
땀에 찌든 나그네
숨결 고른다.
이슬 사라진 들녘
서리 내리면
드높은 하늘 뭉게구름
찬바람 잎새는
갈잎의 노래
오들오들 寒波에
모두 떠난
앙상한 나뭇가지 위
작은새 한마리
구원의 노래소리
하늘 솜사탕
춤추며 나리면
쓸쓸한 裸木엔
눈꽃송이 어여쁘다.
*대자연의 섭리
順從을 배운다

❧ 님의 향기

作 김학사 대표

 화사한 꽃도
시들면 그뿐
푸른 잎 사이
돋아난 가시
상처아린
그리움
휑한 하늘 틈
바스러진 햇살
세월에 베인
그대 인생
강 언덕
산기슭에
노을의 향기
아늑하다

🌈 내 마음 알까?
                    作. 무지개

남들이 보기엔
늘 웃는거 같지만
홀로 외로운 어른아이
괜찮은 척, 편하다는 말
그럴수밖에 없는
그렇게 견디는 중일뿐
지친마음
위로의 말 한마디
울음 삼키다
숨죽인 병마에
세상 놓으려 했던 순간들
맑은 종소리
낡은 십자가
따스한 그 분의 음성
다독이는 어깨
평온해지는 내 마음
어둡던 인생 그늘
툭 던지며
나의 새벽이
다가오고 있다.

🙏 사랑 & 그리움
作 떠나가는 배

같은 하늘아래 살건만
그리움 사무쳐
목놓아 불러보는 사람
대답없는 메아리
바람결 스치듯
혹여나 만날까
꿈속에서라도 보고파
발버둥쳐도
언제나 그자려
맛난걸 먹고
화려한 옷 입은들
곱디곱게 떠 준
낡은 스웨터
품에 꼭쥐고
흐느끼는 텅빈 하늘
生이 다하기 전
한 번은 만날까
두손 모아 곱씹어도
못다한 緣 서러운듯
소쩍새 울음 애닮퍼라
보고픔이 짙으면
그리움 실은 배
순풍 돛달고
올 수도 있으련만~~

도 플 갱 어
   作 만날 수 없기에
들리지않는 거리
이젠
서로 마주볼 수 없는
머나먼 길 떠났다.
가슴 한 켠
너무 아린 먹먹함
원인 모를 깊은 어둠
블랙홀처럼
한없는 그리움
바람결 날리는
민들레 홀씨처럼
분명 충분한
도란도란 情
나눌수 있는
순간들 있었건만
돌아선 후회
올려다본
푸른하늘엔
뭇별들 반짝반짝
속삭이고 있었다.
*때늦은 사랑
아니
지금 할 수 있기룰

♡무지개 저편엔

　　　　　　　作 인걸

 참 거친 세파
차디찬 양심
주눅든 어린 양
길을 찾는다.
참 힘겨운 일상
새벽잠 설치며
노을에 가린 개미처럼
등골이 휜다.
참 거짓에 뒤엉킨 세상
천국여로 티켓
믿음의 허상
갈급한 영혼들
참 괜찮은 어른
삶에 부대낄 때
어깨 툭툭
용기 샘솟나니
무지개 너머
꿈쫒는
네잎클로버보다
소소한 밥상,달콤한 꿈
함께 꿔가는
세잎클로버 같은
삶의 노래
그대
기쁘지 아니한가?

♡초 이 스

作 주저리

갈까 말까
　　　　　가라
살까 말까
　　　　　사지마라
말할까 말까
　　　　　말하지마라
줄까 말까
　　　　　부담없이 줘라
먹을까 말까
　　　　　먹지 마라
할까 말까
　　　　　후회없도록 하라
*선택은 그대 몫!!!

♡어른아이의 기도❣

　　　　　작은 바램

 어젯밤
평온한 잠
가뿐한 아침을 주심에
그저 감사입니다
숫가락들고
된장찌개에 하얀 쌀밥
도란도란 먹을수 있음이
그저 감사입니다
두 발 딛고
바이블 가슴에 안고
형제들 만남
그저 감사입니다
회개합니다
기도한답시고 가족을 위한 자기중심적 간구
등뒤에서 숨죽여 우는
형제의 눈물을 헤아리지 못했습니다
어떻게하면 좀더 멋지게, 폼나게,미사여구를 붙인
형식적 기도를 하기도
하였습니다
성경책 팔짱에 끼고
습관적으로
예배를 볼때도 있었습니다
주여!
용서를 구합니다
교만의 허물을 벗고
순종의 양이 되게 하옵소서

배고픈,굶주린 형제를
따스한 주님의 손길처럼
감싸게 하옵소서
성경의 말씀을
묵상하고 몸소 실천하며
주님의 숨결,발자취
따르게 하옵소서
예수님 이르으로
간구합니다.
…

Healing song
作 김옥희선생

어른이라는 버팀목
아린 눈물
얼굴은 웃는데
가슴시린~
고단한 삶
쳐다본 하늘
노을 참 예쁜데
정신줄 부여잡고
살다보니
어느덧 반백
바람에 실린
어릴적
숨어우는 나의 꿈...

❤난계의 고향! 영동

　　　　　　作 정영철군수

경부선 기적소리

힘찬 맥박

서울~영동역 새마을호 내리면

거리의 가로수 탐스런 빨간홍시

수줍은듯 반긴다.

대한민국 최고 향긋 달콤한

오감만족의 축제 포도 페스티벌

화려한 퍼포먼스 향연을 펼치는

그 곳~~

낭만이 불어오는

시월초엔

전통과 퓨전

서양 와인의 만남

세계 각국의

멋드러진 공연 영동의 꿈!!

세계국악 엑스포

문화축제의

서막을 수놓고

힐링타운 휴양 빌리지

삶에 지친 사람들

영혼의 휴식을 만끽한다.

맑은 물에서 잡아

구수하게 끓인

올갱이 해장국

시원한 막걸리 한잔에

여행의 피로 달랜다

인심 풍요로운
내 소중한 고향!
꿈과 낭만이 숨쉬는
이곳에 살고 싶다.
*힐링타운
情이 무르익는 고향하늘엔
보고픈 사람들이 있다

자화상

1판 1쇄 발행 2025년 8월 4일

지은이 장정호

편집 정세화
마케팅·지원 이창민

펴낸곳 (주)하움출판사 펴낸이 문현광

이메일 haum1000@naver.com 홈페이지 haum.kr
블로그 blog.naver.com/haum1000 인스타 @haum1007

ISBN 979-11-7374-130-2(03810)

좋은 책을 만들겠습니다.
하움출판사는 독자 여러분의 의견에 항상 귀 기울이고 있습니다.
파본은 구입처에서 교환해 드립니다.

이 책은 저작권법에 따라 보호받는 저작물이므로 무단전재와 무단복제를 금지하며,
이 책 내용의 전부 또는 일부를 이용하려면 반드시 저작권자의 서면동의를 받아야 합니다.